Comentarios sobre 21 días para la alfabetización emocional

"Nunca había escuchado sobre la alfabetización emocional antes de trabajar con Dan y Lucy. Ahora lo veo como fundamental para entenderme a mí misma, a mi familia y a mis compañeros de trabajo. Aprender a nombrar mis emociones ha ayudado a dar claridad a mi pensamiento".

—Suzanne J., Administradora, EE. UU.

"Para mí, completar este libro de ejercicios fue un viaje muy personal. Soy ingeniero de diseño y aprendí que las emociones están en el centro de todas mis decisiones, lo cual me sorprendió. Me siento mucho más tranquilo y cómodo ahora que aprendo sobre las emociones de esta manera".

—Antonio D., Ingeniero, Italia.

"Pensar que las emociones tienen una orientación temporal era nuevo para mí, pero me hizo darme cuenta de lo mucho que algunas personas viven en el pasado y otras viven mayormente el futuro. Eso le da a las emociones una nueva dimensión para mí cuando escucho a las personas de mi equipo".

—Agnes C., Gerente de Mercadeo, Francia.

"Me resultó muy fácil comprender la idea de que la construcción de la alfabetización emocional comienza con escuchar mis emociones, reflexionar sobre ellas y aprender a articularlas a mi propia manera. Cuanto más hago esto, más fluidez tengo. ¡Lo uso con mis coachees todos los días!"

—Bill F., Coach Ejecutivo, Canadá.

"Me tomó tres meses, pero cuando terminé el libro de ejercicios, me di cuenta de que mi comprensión de las emociones realmente había cambiado. Siempre me sentí incómodo incluso admitiendo que tenía emociones, pero ahora las veo como (casi) normales".

—Alexi K., Líder Empresarial, Rusia.

"Al principio los ejercicios me parecían fáciles y pensé que me resultaría muy rápido completar el libro, pero descubrí que era mucho más difícil de lo que esperaba. Simplemente nombrar mis emociones tomó mucho tiempo y reflexión porque es algo que nunca hago. Estoy contento de haber hecho el trabajo, y mi esposa me dice que ha marcado una gran diferencia".

—Thomas K., Contador jubilado, EE. UU.

21 DÍAS PARA LA ALFABETIZACIÓN EMOCIONAL

Un libro personal de ejercicios

DAN NEWBY Y LUCY NÚÑEZ

Impreso y encuadernado en los Estados Unidos de América

ISBN: 978-1-7324509-1-2

INVITACIÓN

Hay muchas maneras para desarrollar tu Alfabetización Emocional. Una de ellas es nuestro libro *Emociones: un regulo por abrir, Introducción a la alfabetización emocional*, que articula una nueva interpretación de las emociones y su papel en la vida humana. Es una presentación clara y completa de alfabetización emocional, disponible en Amazon y Kindle en inglés y español. Otra manera es tomar nuestros programas en línea, Emociones y Coaching y Emociones y Liderazgo, disponibles en www.studyemotions.com. Para otras publicaciones, herramientas y talleres en vivo o mentoring, escríbenos a dan@dannewby.me o revisa nuestro sitio web www.dannewby.me. Por favor, permítenos saber cómo podemos apoyar tu aprendizaje en el área crítica de las emociones.

DEDICATORIA

Este libro está dedicado a todos nuestros estudiantes alrededor del mundo. Ha sido su interés y peticiones lo que nos ha llevado a la realización de este libro de trabajo. Es un gran placer para nosotros estar en contacto con estudiantes tan apasionados.

TABLA DE CONTENIDO

PREFACIO

R ecuerdo de mi juventud cuánta atención le daban padres, profesores y compañeros a la inteligencia. En la escuela muchos fuimos clasificados por grupos de acuerdo a pruebas cognitivas, y en función de ellas nos encaminaron hacia la universidad o escuelas técnicas. Conocer tu coeficiente intelectual era una espada de doble filo, y podía ser tanto una fuente de inspiración y orgullo, como de dudas sobre tus habilidades para dar la talla. Ser "inteligente" importaba mucho.

Con toda la atención centrada en el intelecto, casi universalmente descuidamos otro centro de inteligencia y fuente de sabiduría: nuestras emociones. Las emociones se consideraban un obstáculo en el camino a la hora de tomar decisiones claras, y se creía que sería más beneficioso dejarlas a un lado y ser objetivos, basándonos solo en la razón y la lógica. Durante mucho tiempo, los humanos, en general, hemos considerado las emociones como un problema que debe ser controlado.

Pero hay otra posibilidad. Tal vez las emociones existen por una razón; tal vez están allí para ayudarnos. Dado que son una parte innegable de nuestra experiencia como seres humanos, ¿de qué otra manera podríamos entenderlas y relacionarnos con ellas?

Si estás leyendo este libro de ejercicios, es probable que ya hayas comprendido que podría ser valioso desarrollar tu inteligencia emocional y que estás buscando la forma de hacerlo.

Los autores hacen una distinción entre los términos "inteligencia emocional" y "alfabetización emocional". Tu puntaje de CI es el resultado de pruebas destinadas a medir tu inteligencia. Para aprovechar tu inteligencia, debes desarrollarla mediante el aprendizaje y la práctica. Una forma de hacerlo es desarrollar tu alfabetización: aprender a usar el lenguaje para leer y escribir. De manera similar, podemos medir el cociente emocional o CE. Pero al igual que

1

tener un CI alto no necesariamente te hace exitoso o equilibrado, tampoco lo hace un CE alto. Tu inteligencia emocional debe ser desarrollada para poder usarla de la mejor manera. Esto puedes hacerlo alfabetizándote emocionalmente.

La alfabetización emocional se inicia con la capacidad de reconocer y nombrar las emociones con facilidad. Todos hemos aprendido a leer y escribir, y ahora también podemos ser fluidos con nuestras emociones. Esto nos ayuda a comprendernos a nosotros mismos, entender a los demás y entender por qué los humanos actuamos de la manera como lo hacemos. El desarrollo de la alfabetización emocional comienza con (1) escuchar nuestras emociones sin juicio, (2) reflexionar sobre lo que intentan decirnos, y (3) articularlas a nuestra manera. Mientras más hagamos esto, más fluidos seremos. Observar y usar nuestras emociones como guías y soportes se convertirá en algo natural. Con el paso del tiempo, podremos observar que las emociones ya no nos parecerán incómodas o vergonzosas. Comenzaremos a entender las emociones como parte incuestionable del ser humano de la misma manera que lo son el sueño y la respiración, y podemos decir que aceptar las emociones de este modo es tan importantes para vivir una buena vida como la lógica y la razón.

INTRODUCCIÓN

Cómo usar este libro de ejercicios

Este libro de ejercicios está organizado en 21 pasos. Podrían hacerse durante 21 días consecutivos o podrían extenderse durante un período más largo, como 21 semanas. Lo que no recomendaríamos es hacer más de un paso o lección por día. La razón es que el aprendizaje emocional requiere tiempo y reflexión. Las cosas que no queden claras hoy pueden aclararse mañana. Te invitamos a disfrutar el proceso y no apresurarlo. Después de todo, ya llevas décadas viviendo con tus emociones de esta manera; si te tomas un mes o más para aprender sobre ellas probablemente no sea nada descabellado.

Cada día o paso tiene un ejercicio para que completes. Hay un espacio determinado para tus reflexiones, pero es posible que necesites más. Te recomendamos que dediques un diario o cuaderno para que apuntes tus preguntas y aprendizajes.

En algunos ejercicios se te pide que pienses acerca de emociones o que las identifiques. Si te resulta muy complejo, puedes consultar la lista de referencias de emociones al final del libro. Hemos enumerado 155 de las emociones más comunes, y leerlas puede ayudarte a identificar la que estás buscando.

Disfruta tu exploración y aprendizaje. No tenemos dudas de que será de gran valor para expandir tu comprensión acerca de ti mismo y del mundo que te rodea.

¡Empecemos!

Día 1

¿QUÉ SON LAS EMOCIONES?

A lo largo de la existencia humana, las emociones se han entendido de muchas maneras. El primer paso para incrementar la Alfabetización Emocional es articular qué son las emociones. Realiza el siguiente ejercicio y luego reflexiona sobre la interpretación que te ofrecemos.

Ejercicio:

Imagina que estás hablando con un niño de seis años y te pide que le expliques qué es una emoción. ¿Qué le dirías?

Las emociones son...

La raíz de la palabra "emoción" es latina y significa "aquello que nos mueve". En otras palabras, las emociones son una energía dentro de nosotros y nos instan a movernos o actuar de una determinada manera. Bajo este concepto, las emociones no solo consisten en abrazarse y llorar, sino que son una fuente fundamental de energía que nos permite participar en la vida. El pensamiento es un precursor importante de la acción, pero la energía que mueve el cuerpo son las emociones. Solo pensar no nos mueve; las emociones, sí.

Para concluir el ejercicio de hoy, escribe con tus propias palabras una definición que te parezca satisfactoria:

Día 2

OBSERVANDO TUS EMOCIONES

Nunca dejamos de tener emociones. Si nos detenemos y tomamos nota, encontraremos que siempre hay una emoción presente dentro de nosotros. A veces hay varias, pero siempre hay al menos una. Un paso inicial para desarrollar la Alfabetización Emocional es aprender a estar consciente de tus emociones.

Ejercicio:

Reflexiona sobre tu día desde que despertaste esta mañana y escribe todas las emociones que recuerdes haber sentido

¿Cuántas escribiste? Tómate dos minutos más, recuerda tu día nuevamente y observa si no hay alguna más.

¿Cuál es el número total? ¿Es sorprendente?

Resalta y cuenta cuántas de ellas notaste en el momento en que estaban ocurriendo.

Reflexiona y escribe sobre tu capacidad para observar tus emociones y el impacto que tiene en tu vida:

Día 3

NOMBRANDO TUS EMOCIONES

Una de las facultades que tiene el lenguaje es el poder de generar distinciones entre cosas. Esto nos da elección. Imagina si no pudieras expresar la diferencia entre una naranja y una zanahoria, o entre un perro y un gato. No podrías explicar a otras personas de qué estás hablando. El valor de este ejercicio es ayudarte a comenzar a nombrar las emociones de la misma manera que aprendiste los nombres de frutas, países o personas de tu familia. Empieza a nombrarlas y con el tiempo, el nombre de la emoción que estás experimentando saldrá a la superficie sin pensarlo.

Ejercicio:

Reflexiona sobre lo que has sentido esta última hora y apunta todas las emociones que puedas recordar. Haz tu mejor esfuerzo. Si no estás seguro de cómo llamar a una de ellas, nómbrala lo mejor que puedas. Si no puedes nombrarla exactamente, escribe "es algo como..." y ponle un nombre.

¿Cuántas emociones enumeraste? ¿Hubo algunas que experimentaste más de una vez? Regresa a las que no estabas seguro y revisa si puedes nombrarlas de manera más precisa.

¿Notas algún patrón? Si es así, escríbelo:

Durante el resto del día, presta atención a tus emociones y nómbralas a medida que ocurren. Esto no siempre será posible, pero haz tu mejor esfuerzo. Cuanto más practiques identificando tus emociones, mayor serán tu conciencia y rango.

Día 4

SENTIMIENTOS Y EMOCIONES

No es raro que usemos las palabras "sentimiento" y "emoción" de manera intercambiable, pero son diferentes. Un sentimiento es la sensación que experimentas en tu cuerpo y que te indica en qué emoción te encuentras. Podemos sentir un nudo en el estómago o en la garganta, lo cual es un signo de que estamos experimentando una emoción. Luego interpretamos ese sentimiento en función de la emoción. Por ejemplo, podemos decir que el nudo en el estómago "significa" que estamos ansiosos. De esta manera, los sentimientos nos informan sobre las emociones que estamos experimentando.

Ejercicio:

Sin cambiar nada, observa las sensaciones o sentimientos que estás teniendo en este momento. ¿A qué emociones están apuntando? Puedes tomar unos minutos para observar los sentimientos, ya que muchas veces no les prestamos atención. ¿Sientes tensión en alguna parte? ¿Sientes que la energía se mueve alrededor de tu cuerpo? ¿Te sientes tranquilo o inquieto? Registra tus sentimientos y nombra la emoción correspondiente. Repite este ejercicio varias veces durante el día.

Sensación

Emoción

Día 5

PENSAMIENTOS Y EMOCIONES

Los pensamientos y las emociones están íntimamente vinculados y son cocreadores. Si piensas en un momento en el que alguien te ha engañado, comenzarás a sentir rabia. Esto se debe a que la rabia está conectada a una historia de injusticia. Lo contrario también es cierto. Si sientes rabia y examinas tus pensamientos, notarás que están relacionados con la injusticia que has visto o experimentado.

Ejercicio:

Anota las emociones que puedas nombrar de la última hora. Junto a la emoción, escribe qué historia está desencadenando la emoción. De manera consciente busca la raíz de esta historia. Tu primera historia probablemente será un incidente personal, pero también hay una historia subyacente que siempre ocurre junto con esa emoción. Un ejemplo es que puedes sentirte triste porque tu perro escapó, porque un amigo se mudó a otra parte del país o porque un pariente falleció. Estas son las historias individuales de tristeza. La historia subyacente que es común a todas ellas es que "has perdido algo que te importaba". Esa es la raíz de la historia de la tristeza.

Emoción

Raíz de la historia

Día 6

IMPULSOS Y EMOCIONES

Cada emoción nos mueve de una manera particular. Y cada emoción tiene su impulso único. Por ejemplo, cuando experimentamos alegría, "sentimos deseos de celebrar", y cuando experimentamos lealtad, "sentimos ganas de defender a una persona o grupo al que pertenecemos". El hecho de que "tengamos ganas" de hacer una determinada cosa no necesariamente significa que la haremos. Eso depende del momento y de si esa acción es socialmente apropiada. En algunos casos, nos reservaremos el impulso para más adelante cuando las circunstancias sean más adecuadas para expresarlo.

Ejercicio:

Haz una lista de las emociones que has experimentado recientemente. Junto a cada emoción, escribe el impulso que sentiste. Nuevamente, no significa que hiciste eso, pero es lo que la emoción te hizo querer hacer. Al igual que con la historia subyacente de cada emoción, busca el impulso subyacente. Cada emoción tiene una, y si las entendemos, probablemente podemos predecir cómo nosotros o los demás nos comportaremos en función de la emoción experimentada. Ejemplo: estaba viendo una película y me sentía aburrido y el impulso fue dejarla e irme a dormir.

Emoción	Impulso (lo que te apetece hacer)

PROPÓSITO DE LAS EMOCIONES

Cada emoción tiene un propósito. Se podría decir que de alguna manera "nos cuidan de algo". El miedo nos mantiene a salvo del peligro, la confianza nos impide tomar riesgos excesivos, la rabia nos dice lo que creemos que es justo e injusto, etc. Identificar el propósito de cada emoción nos permite respetarlo y valorarlo. Las emociones no son aleatorias. Están ahí para ayudarnos, guiarnos y protegernos.

Ejercicio:

Haz una lista de las emociones que has experimentado durante la semana. Al lado de cada una, escribe tu comprensión del propósito de esa emoción y de qué manera es útil, beneficiosa o cuida de ti. Si te resulta difícil, mantén la lista cerca y, a medida que se te ocurra el propósito de una emoción, anótalo.

Emoción

_____

_____

_____

_____

_____

_____

_____

_____

_____

_____

_____

_____

_____

Propósito

_____

_____

_____

_____

_____

_____

_____

_____

_____

_____

_____

_____

_____

REACCIONANDO Y RESPONDIENDO

La suma de todo lo que hemos aprendido hasta ahora deriva en la sabiduría que tenemos disponible para entender las emociones. La Alfabetización Emocional es nuestra capacidad de usar las emociones en la vida diaria. Una habilidad importante para desarrollar es responder en lugar de reaccionar automáticamente. Cuando unimos todos los elementos y comprendemos nuestras emociones por completo, podemos responder de forma efectiva.

Ejercicio:

Piensa en una emoción fuerte que hayas sentido recientemente. Deconstrúyela de la siguiente manera:

a. Nombra la emoción.

b. Identifica su historia o información subyacente.

c. ¿Cuál fue tu impulso o reacción?

d. ¿De qué forma esa emoción te apoyó o cuidó?

Y las preguntas finales:

1. ¿Cómo podrías responder a esa situación de manera efectiva?

2. ¿Qué emoción te permitiría responder de manera efectiva?

a. Emoción:

b. Historia:

c. Impulso:

d. Propósito:

1. Respuesta que te gustaría tener:

2. Emoción que producirá esa respuesta:

Realiza este ejercicio con varias emociones y determina si puedes ampliar tu comprensión de ellas y encontrar nuevas posibilidades para responder en lugar de simplemente reaccionar.

EMOCIONES Y ESTADOS DE ÁNIMO

Aunque a menudo usamos estos términos indistintamente, son diferentes. Cada emoción tiene un estado de ánimo correspondiente. Podemos experimentar la resignación como una emoción o vivir en ella como un estado de ánimo. Una diferencia es la duración de la experiencia. Las emociones son bastante cortas, raramente duran más de una hora o dos. Los estados de ánimo duran mucho más, e incluso vivimos en un estado de ánimo. Notarás que algunas personas parecen "retroceder" al estado de tristeza cuando no son estimuladas, mientras que otras parecen atraer la ambición o la gratitud. Una distinción muy importante es que las emociones son reacciones a una experiencia o evento, y los estados de ánimo preceden y dan significado a una experiencia o evento. En otras palabras, los estados de ánimo son la lente a través de la cual vemos y entendemos nuestras experiencias.

Ejemplos de estados de ánimo:

Si uno vive en el estado de ánimo de miedo, todo parecerá peligroso, pero si alguien vive en ambición, ve un mundo lleno de posibilidades. Imagina a un arquitecto que trabaja en el estado de ánimo de inspiración, versus uno en estado de ánimo de resentimiento. La forma en que aplican su experiencia técnica dependerá de su estado de ánimo, porque cada uno tiene un impacto diferente en la forma en la que ve e interpreta el mundo.

En la siguiente sección, primero escribe las emociones que has experimentado la semana pasada y el evento que las provocó. Luego escribe los estados de ánimo que has observado en ti mismo y cómo esos estados de ánimo han influido en tu comprensión.

Emoción

Evento

Estado de ánimo

Significado que produjo

Día 10

VALORACIÓN DE LAS EMOCIONES

Sin darnos cuenta, hemos aprendido a pensar en las emociones como "buenas" o "malas". Si comenzamos a enumerar las emociones "malas", probablemente incluiríamos la rabia, los celos, la envidia, la codicia, la arrogancia y otras que quisiéramos evitar. En la categoría "buena", podemos enumerar el amor, la generosidad, la tolerancia y la compasión, entre otras. Esta diferenciación significa que tenemos prejuicios sobre las emociones. El problema que esto genera es que tendemos a buscar las emociones "buenas" y evitar las "malas".

Cada emoción nos sirve, pero también pueden interponerse en nuestro camino. El miedo nos mantiene a salvo, pero también puede inmovilizarnos. La rabia nos dice cuándo nos encontramos con la injusticia, pero a veces nos hace dañar a los demás. La generosidad nos impulsa a compartir nuestros recursos con otras personas, pero también puede dejarnos sin medios suficientes para cuidar de nosotros mismos.

Ejercicio:

Con la lista de emociones a continuación, escribe (1) tu evaluación de la emoción (buena, mala, terrible, indispensable), (2) cómo puede ser útil, y (3) cómo puede ser una barrera.

- Celos

- Miedo

- Ambición

- Frustración

- Resentimiento

- Aceptación

- Amor

- Resignación

- Envidia

- Avaricia

- Gratitud

EMOCIONES SOBRE LAS EMOCIONES

Si experimentamos vergüenza por nuestra rabia u orgullo o por nuestra ambición, estamos teniendo emociones sobre nuestras emociones. Todos las tenemos, pero pueden dificultar el dominio emocional. Lo que ocurre es que nos desviamos hacia la segunda emoción y, por lo tanto, no experimentamos la emoción original. Por eso, perdemos la información que la primera trata de darnos sobre nuestras experiencias. La emoción que tenemos sobre otra emoción es a menudo algo aprendido de nuestra familia o cultura y, en ese contexto, probablemente sirvió para un propósito. Fuera de ese contexto, puede dificultarnos experimentar y comprender nuestras emociones en su nivel más fundamental.

Ejercicio:

Con cada una de las emociones a continuación, piensa en una ocasión en la que la hayas sentido; reflexiona y toma nota de cualquier emoción que esta pudo haber desencadenado. Por ejemplo: "sentí pereza pero me avergoncé y traté de ocultarlo". Imagina de dónde podrías haber aprendido a reaccionar a la primera emoción con la segunda emoción. A continuación, busca las formas en que tu segunda emoción te impide experimentar la primera, y lo que pierdes al evitarla.

- Entusiasmo

- Pereza

- Serenidad

- Dignidad

- Ira

- Frustración

- Lujuria

- Felicidad

- Generosidad

- Resentimiento

- Nostalgia

DRAMA Y EMOCIONES

No es raro que confundamos el drama con la emoción. Si las emociones son la energía que nos mueve, el drama es el nivel de energía con la que las expresamos. Es común hablar de que los italianos son "muy emocionales", pero es más exacto decir que son "muy dramáticos". Culturalmente se sabe que expresan sus emociones con un alto nivel de energía y vivacidad. Todos los seres humanos tienen emociones, pero el nivel de expresión a menudo está determinado por la cultura y la personalidad individual. Simplemente porque no vemos una expresión enérgica no significa que las emociones no estén presentes. La mayoría de nosotros hemos expresado rabia al ignorar o "dar la espalda" a otra persona. Es una poderosa expresión de rabia, pero no es tan dramática como gritar o arrojar cosas.

Ejercicio:

Elige una película o un programa de televisión. Mientras lo ves, escribe a continuación las emociones que notes y las acciones dramáticas que observes. ¿Qué percibes sobre las dos y cuál es la conexión entre ellas?

Ahora repite el ejercicio con una película de otra fuente cultural. Por ejemplo, si la primera película fue estadounidense, elige una película francesa para contrastar. Si la primera fue española, elige una película danesa para contrastar.

Ahora mira dos videos o películas. Elígelos de diferentes géneros. Por ejemplo, puedes elegir un romance y una película de terror. ¿Qué observas sobre las emociones y los niveles de drama en estos ejemplos?

ORIENTACIÓN TEMPORAL DE LAS EMOCIONES

Muchas emociones y estados de ánimo tienen una fuerte orientación temporal. En otras palabras, si las escuchas, te están contando sobre eventos pasados, actuales o posibilidades futuras. El arrepentimiento, la nostalgia y la melancolía están relacionados con el pasado. La serenidad, la aceptación y la alegría se centran en el presente. El miedo, la ambición y la anticipación son sobre el futuro. Al notar la orientación temporal de las emociones y estados de ánimo que experimentas, puedes comenzar a ver la orientación de tu vida. ¿Pasas más tiempo "viviendo en el pasado" o "aspirando al futuro"? A menudo, la solución a una emoción fuerte que te desestabiliza puede ser moverte hacia una emoción con una orientación temporal diferente. Por ejemplo, la ansiedad nos dice que algo desconocido puede ponernos en peligro en el futuro. Si ponemos nuestra atención en servir a otros partiendo desde las emociones de cuidado o compasión, descubriremos que la ansiedad no tiene la misma energía porque hemos cambiado nuestra orientación temporal.

Ejercicio:

Enumera las primeras 12 emociones que te vienen a la mente de tu pasado reciente (o consulta la lista al final del libro). Al lado de cada una, coloca la orientación temporal usando pasado, presente o futuro. Cuenta el número en cada categoría. Reflexiona sobre lo que esto te dice acerca de la dirección que tienen tus emociones y dónde pones tu atención en la vida.

1.

2.

3.

4.

5.

6.

7.

8.

9.

10.

11.

12.

DIRECCIÓN DE REFERENCIA DE LAS EMOCIONES

Así como las emociones tienen una orientación temporal, muchas también tienen una dirección de referencia. Algunas se enfocan hacia dentro o hacia nosotros mismos, y otras se enfocan hacia fuera en otras personas. Algunas se refieren a grupos u organizaciones. La ansiedad y la duda son generalmente preocupaciones personales, mientras que el cuidado, la compasión y la generosidad se centran en los demás. La lealtad y la vergüenza son emociones asociadas con grupos u organizaciones, y otras como la fe y la gratitud tienen que ver con el universo o lo desconocido. Conocer el punto de referencia de la emoción nos dice mucho sobre lo que nos importa, nos inquieta y dónde ponemos nuestra atención.

Ejercicio:

Escribe al azar 12 emociones que a menudo experimentas. Después de cada emoción, describe lo que crees que es el punto de referencia. Observa cualquier patrón en tu lista y los puntos de referencia más comunes.

1.

2.

3.

4.

5.

6.

7.

8.

9.

10.

11.

12.

Día 15

ESTADOS DE ÁNIMO CLAVE EN LA VIDA

H ay tantos estados de ánimo como emociones. Y al igual que las emociones, experimentamos unos más que otros. Hay cuatro estados de ánimo que son muy comunes y que tienen una relación única: resentimiento, resignación, aceptación y ambición (o entusiasmo). Podrás ver en el modelo siguiente que el resentimiento y la resignación ocurren cuando nos oponemos o nos resistimos a algo; resentimiento cuando nos resistimos a las facticidades* (aquellas cosas que creemos que no podemos cambiar), resignación cuando nos resistimos a las posibilidades (esas cosas que creemos que podemos cambiar). La aceptación ocurre cuando aceptamos las facticidades, y la ambición cuando aceptamos las posibilidades.

	FACTICIDADES	POSIBILIDADES
RESISTENCIA	Resentimiento	Resignación
ACEPTACIÓN	Aceptación (o paz)	Ambición (o entusiasmo)

Ejercicio:

Identifica una situación en la que cada uno de estos estados de ánimo está presente para ti. Es posible que sientas un resentimiento de toda la vida hacia alguien de tu familia, o puedes sentirte ambicioso en repetidas ocasiones con respecto a tu trabajo. Para cada uno de los cuatro estados de ánimo, encuentra una situación que se repita. Una vez que hayas hecho eso, escribe la "historia" que estás viviendo en términos de aceptación o resistencia a las facticidades o a las posibilidades. Por ejemplo, tal vez recuerdes una historia en la que intentaste algo una y otra vez hasta que te rendiste. Esa es una descripción del estado de ánimo de la resignación. O tal vez puedas identificar un momento en el que creíste que algo injusto te sucedió en el trabajo, lo cual describiría el resentimiento.

Reflexiona a continuación sobre cómo estos cuatro estados de ánimo son elementos clave que dan forma a tu vida:

* Las facticidades son aquellas cosas que creemos que son inmutables, del mismo modo que las posibilidades son aquellas que creemos que son cambiables. Es una palabra real, aunque no se usa con frecuencia.

Día 16

TU ESTADO DE ÁNIMO EN LA VIDA

Las emociones y los estados de ánimo son áreas en las que aprendemos, ganamos conocimiento y obtenemos sabiduría. Alguna parte de ellas está conectada a nosotros como una extensión de nuestra biología, pero la otra parte se aprende. El aprendizaje emocional es diferente del aprendizaje cognitivo. Cognitivamente, aprendemos a través del discernimiento, y es casi instantáneo. Emocionalmente aprendemos a través de la inmersión, y lleva mucho más tiempo. Cuando experimentamos una emoción repetidamente o vivimos en el estado de ánimo de una situación, comenzaremos a absorberla y se convierte en parte de nuestra composición emocional. Esto se llama revisión límbica.

Ejercicio:

En otra hoja de papel, dibuja el plano de la primera casa que recuerdas de tu infancia. Tómate tu tiempo para ubicar las habitaciones que recuerdas, y poco a poco escribe notas sobre elementos clave o eventos que recuerdas. A medida que continúes, incluye el patio exterior, el área de juego, el jardín, etc., hasta que tengas una imagen completa. Piensa en la luz, los olores, los ritmos y los sonidos que experimentaste allí. Reflexiona sobre el estado de ánimo o los estados de ánimo que más a menudo experimentaste en esta casa y sus alrededores. ¿Cómo es ese estado de ánimo parte de tu vida hoy? ¿Qué paralelismos notas? ¿En qué medida el estado de ánimo que vives hoy es el mismo o diferente del estado de ánimo de ese hogar y esa época?

Día 17

DECONSTRUYENDO EMOCIONES

Tomar el aprendizaje de los días 5, 6 y 7 (Historia, Impulso y Propósito) nos permite deconstruir las emociones para comprenderlas lingüísticamente. Lo que eso significa es que podemos ver que cada emoción tiene tres elementos: (1) cuenta una historia o nos da información, (2) tiene un impulso o nos pone en acción de una manera específica, y (3) tiene un propósito o "cuida de nosotros" de alguna manera. Por ejemplo, si deconstruimos la emoción de la lealtad, encontramos que:

1. Sentimos que somos parte de un grupo o relación (la historia subyacente)
2. Intentaremos defender al grupo u otra persona (el impulso o reacción)
3. Nos permite proteger/cuidar al grupo (propósito)

Esta deconstrucción nos permite comprender los elementos clave que hacen de la lealtad la emoción que es. El valor de esto es que, primero, nos da una comprensión práctica de la emoción, su nombre, su energía y su propósito. Segundo, cuando escuchamos a alguien compartir una experiencia (lenguaje), podemos saber de inmediato qué emoción experimentaron, y eso nos permite tener una idea sobre sus acciones. Por ejemplo, si escuchamos a un compañero de trabajo decir que considera que fue injusto que no haya recibido un ascenso que cree merecer, nos daremos cuenta de que está resentido y puede tratar de "vengarse". Al conocer estos elementos de cada emoción, nuestras propias acciones son más comprensibles y nos ayudan a entender a los demás con una mayor profundidad.

Ejercicio:

Ve a la lista de emociones que está en la parte final del libro y selecciona cuatro para deconstruir sus componentes. Articúlalos de modo que tengan sentido para ti. Dado que todas las emociones son interpretaciones, escríbelo a tu manera. Mientras piensas y aprendes la emoción más profundamente, encontrarás la deconstrucción que más te sirva.

EMOCIÓN 1:
- Historia:
- Impulso:
- Propósito:

EMOCIÓN 2:
- Historia:
- Impulso:
- Propósito:

EMOCIÓN 3:
- Historia:
- Impulso:
- Propósito:

EMOCIÓN 4:
- Historia:
- Impulso:
- Propósito:

Día 18

GRUPOS EMOCIONALES

Aunque cada emoción tiene su propia identidad o perfil, hay emociones que se confunden fácilmente, ya sea porque se sienten similares o porque a menudo se presentan juntas. Llamamos a esto grupos emocionales (o clusters), y ser capaces de distinguir cada emoción individualmente es una gran ayuda para entender lo que nos dicen y cómo queremos responder. Algunos de los clusters más comunes son:

- Miedo, ansiedad y duda
- Frustración, rabia e indignación
- Servicio y sacrificio
- Empatía, simpatía, compasión y lástima

Un buen ejemplo para aclarar qué emoción o emociones experimentamos es el del miedo, la ansiedad y la duda. Cuando alguien dice sentir ansiedad, a menudo sucede que lo que está experimentando incluye algo de temor y algo de duda. La forma en que podemos distinguir la mezcla es escuchar la historia. Si esa persona está pensando que algo puede dañarle pero no está seguro de qué, está experimentando ansiedad. Si está pensando que algo específico puede dañarle ("ser atropellado por un autobús"), es miedo. Si está pensando "no estoy seguro de cómo llegar allí'" o "no estoy seguro de cómo mi público recibirá mi presentación", es duda. Esto es importante, porque si no sabemos qué historia está generando la emoción, no podremos atenderla.

Revisa una de tus listas de emociones anteriores. Elige diez emociones, escríbelas a continuación y pregúntate si estás seguro de que la emoción que escribiste es la única emoción que experimentaste. ¿Hubo otras emociones que fueron parte de tu experiencia? ¿Qué otras emociones se sienten similares a la que anotaste? Deconstruye las emociones y diferéncialas por la sensación que sentiste, el impulso que te provocó o la historia que estabas pensando.

Día 19

NO EXACTAMENTE EMOCIONES

Además de las emociones, tenemos formas de expresar nuestra condición emocional que no son exactamente emociones. Cuando decimos que estamos "quemados" o "abrumados", estamos sugiriendo que algo está sucediendo emocionalmente, pero varias emociones podrían ser la fuente de esas expresiones. Por ejemplo, podemos sentirnos abrumados por la alegría, la gratitud, el miedo, la ansiedad, el agotamiento o la desesperación. En algunos casos, sentirse abrumado no es algo malo o algo que tenemos que atender, pero en otros casos es importante abordarlo por nuestra salud y bienestar. Para hacer eso, necesitamos saber qué emociones están provocando la sensación de agobio.

Ejercicio:

Haz una lista de las expresiones que usas o escuchas que indican tu estado emocional, pero que no son precisamente emociones. Una forma de reconocer estos "indicadores emocionales" es preguntarse si más de una emoción puede provocarlo. Si no estás seguro, compruébalo con la lista de emociones al final del libro. Una vez que tengas una lista de ocho o diez indicadores emocionales, reflexiona junto a cada una a qué emociones podrían estar apuntando. Por ejemplo, si pones que te sientes "pesado", es posible que experimentes desilusión o tristeza, mientras que sentirte "en la luna" podría ser alegría, deleite o entusiasmo.

Día 20

PALETA EMOCIONAL

El objetivo de la alfabetización emocional es desarrollar tu paleta emocional. Eso significa que en lugar de tener una docena de emociones para elegir, tienes cincuenta o cien. Ese conocimiento te permite ser más selectivo y preciso para identificar y articular tus emociones. Significa que estarás más consciente y tendrás más emociones disponibles mientras te mueves por la vida. Podría ser comparado con un pintor que tiene una paleta completa de colores para elegir.

Ejercicio:

Revisa la lista de emociones en la parte posterior del libro y elige cinco emociones sobre las que desees obtener más información. Para cada una responde la siguiente serie de preguntas:

- ¿Cuándo recuerdas haber experimentado esta emoción?
- ¿Por qué crees que apareció como resultado de esa experiencia?
- ¿Qué sentimientos (sensaciones) te ayudaron a identificar esta emoción?
- ¿Qué crees que intentaba decirte o informarte?
- ¿Cómo te apoyó?

EMOCIÓN 1:

EMOCIÓN 2:

EMOCIÓN 3:

EMOCIÓN 4:

EMOCIÓN 5:

Día 21

VIAJE DE ALFABETIZACIÓN EMOCIONAL

Durante los últimos 21 días (o lecciones), has construido una nueva comprensión de las emociones, que va desde lo que son hasta tu propia paleta personal. Cualquiera de los ejercicios se puede repetir, y cada vez que lo hagas, obtendrás nuevos conocimientos sobre las emociones, tanto a nivel teórico como a nivel experiencial. Te recomendamos que continúes aprendiendo de esta manera.

También hay otras posibilidades. Hay una expresión antigua en los círculos educativos que dice "aprender, hacer, enseñar". Has estado aprendiendo en estas semanas, así que ahora es el momento de "hacer" o practicar lo que has aprendido, y posteriormente enseñarlo. Cuanto más hagas estos dos, más profunda será tu comprensión. En la sección de Recursos al final del libro, encontrarás formas de conectarte con los autores para otros programas que lideran. Algunos son en persona, otros son virtuales. Algunos son de aprendizaje grupal, otros son individuales. Todos ellos giran en torno a ayudar a las personas a desarrollar su alfabetización emocional.

Cualquiera sea el camino que elijas, te animamos a practicar. Nada se aprende de manera profunda y sostenible sin hacerlo. Muchas veces recogemos una idea y aprendemos "sobre" el tema, pero el aprendizaje emocional requiere inmersión, y eso ocurre cuando se practica. Piensa que es como aprender a tocar el piano. Puedes tener el mejor maestro del mundo, quién te indicará cómo hacerlo, pero aprender a tocar es algo que solo tú puedes hacer, y ocurre cuando te comprometes a practicar regularmente.

Ejercicio:

Reflexiona y escribe una breve historia de tu viaje. ¿Cuáles fueron los aspectos más destacados? ¿Qué era nuevo? ¿Qué confirmó algo que ya sabías? Piensa en la emoción desde la que estás escribiendo y en las emociones que provocas mientras escribes. ¿Cómo resumirías tu experiencia desde que empezaste a trabajar con el libro? Imagina la historia que contarías si hubiera sido un viaje real o un viaje de vacaciones. Finalmente, ¿adónde irás desde aquí y cómo seguirás explorando las emociones para continuar tu viaje?

CONCLUSIÓN

Gracias por tomar este viaje hacia la alfabetización emocional con nosotros. Lucy y yo creemos que los humanos estamos en el punto de nuestra evolución en el que es muy necesario comprender las emociones y el papel que ellas desempeñan en todas nuestras acciones. Nuestra experiencia de más de 18 años enseñando alfabetización emocional, haciendo coaching a líderes y entrenando a coaches, nos ha mostrado hasta qué punto la educación emocional se ha quedado corta. Esto no debería ser una sorpresa dado que el enfoque de la educación formal es casi completamente intelectual, y de alguna manera lo vemos como algo bueno. La ignorancia se puede borrar a través del aprendizaje, y todos tenemos un mundo para aprender sobre las emociones y cómo ellas influyen en quienes somos individual y/o colectivamente.

Ha sido un placer para nosotros ser parte de tu viaje. Te deseamos lo mejor y esperamos que nuestros caminos se vuelvan a cruzar, dándonos la oportunidad de seguir aprendiendo.

Una oferta final: si deseas conversar sobre tu aprendizaje o hacer que Dan o Lucy revisen tus ideas y descubrimientos, envíanos una solicitud a dan@dannewby.me. Estaremos encantados de saber qué impacto tuvieron estos pasos en tu alfabetización emocional y responderemos cualquier pregunta que puedas tener. A la espera de saber de ti.

Con gusto,
Lucy and Dan

SOBRE LOS AUTORES

Lucy Núñez y Dan Newby son coaches, formadores de coaches, autores y profesores. Están casados y viven en Barcelona.

Lucy ha estudiado Psicología, Recursos Humanos y Consultoría Organizacional, Dinámicas de Grupos y varios modelos de coaching. Su experiencia profesional incluye la formación de coaches durante muchos años, y ha tenido una larga carrera haciendo coaching, formación y consultoría con líderes y organizaciones. Es originaria de Venezuela y vive en España desde 2001.

Dan nació en los Estados Unidos y tiene 25 años de experiencia en liderazgo empresarial. Durante ocho años fue líder del curso sénior de Newfield Network Coaching School en los Estados Unidos, Canadá y Europa, y ahora trabaja de forma independiente. Sus clientes incluyen empresas, organizaciones educativas y ONG de todo el mundo. Dirige cursos presenciales y en línea sobre alfabetización emocional para coaches y líderes.

Tanto Lucy como Dan están muy interesados en las emociones y en el aprendizaje humano, y cómo ambos se aplican cultural, organizacional y personalmente.

RECURSOS / MÁS INFORMACIÓN

No dudes en ponerte en contacto con Lucy o Dan en estas direcciones de correo electrónico:
Lucy Núñez: lucynunez.alg@gmail.com
Dan Newby: dan@dannewby.me

NUESTRO TRABAJO

Libros: Dan y Lucy son coautores del libro "**The Unopened Gift: A Primer in Emotional Literacy** ". Está disponible en español con el título "Emociones: un regalo por abrir. Introducción a la Alfabetización Emocional". Ambos están disponibles en Amazon y Kindle.

Talleres: ofrecemos talleres varias veces al año para coaches que deseen profundizar su comprensión de las emociones y aprender a utilizarlas como una herramienta para aumentar la eficacia de tus procesos de coaching. Si esta idea te interesa, escríbenos a dan@dannewby.me.

Coaching: Lucy y Dan ofrecen coaching individual, Dan en inglés y Lucy en español. Tenemos experiencia trabajando con ejecutivos y gerentes de todos los niveles y de diferentes culturas. Los procesos de coaching se pueden llevar a cabo en persona o mediante videoconferencia.

Mentoring: Ofrecemos mentoring para coaches, ya sea para renovación de certificación o para mejorar habilidades. Estas sesiones pueden ser individuales o grupales. Generalmente se hacen por videoconferencia, pero se pueden organizar en persona. Contáctanos a dan@dannewby.me.

Facilitación: Lucy y Dan tienen una larga historia de facilitación para grupos, particularmente en desarrollo de liderazgo y emociones. Ofrecemos programas personalizados a las necesidades de su equipo u organización. Para obtener más información, escribe a dan@dannewby.me.

Entrenamiento en línea: ofrecemos capacitación en línea en "Emociones y Coaching" o "Emociones y Liderazgo" y temas relacionados. Estos programas son asincrónicos y se pueden acceder desde cualquier parte del mundo. Se pueden personalizar o combinar con el trabajo en persona. Hay más información disponible en www.studyemotions.com. Para programas en línea enfocados en el sector de la aviación, visita www.safetyrelations.com.

LISTA DE REFERENCIAS DE EMOCIONES

Esta lista, recopilada por Dan y Lucy, incluye 155 de las emociones más comunes. Probablemente encontrarás algunas que incluirías en tu propia lista y es posible que encuentres otras que no clasificarías como emociones. Te invitamos a que lo decidas por ti mismo. En nuestra investigación, nunca hemos encontrado una lista universal y exhaustiva de emociones. Cada lista es diferente según el contexto y los criterios del que la escriba. Como nuestra experiencia es el coaching, consideramos las emociones en términos prácticos, y para entrar en la lista, cada una tenía que cumplir con los tres criterios de (1) una historia subyacente, (2) un impulso o predisposición y (3) un propósito humano. Ciertas emociones en esta lista también se pueden clasificar de otras maneras. Para nosotros, el honor puede ser considerado como una emoción, y también es un valor. El compromiso puede ser una emoción y, al mismo tiempo, un comportamiento.

Un ejercicio que podrías intentar es colocar una marca de verificación al lado de cada una de las emociones que utilizas al conversar y pensar. Esto te dirá cuáles distingues lingüísticamente y es un buen punto de partida para medir tu alfabetización emocional.

- ☐ Abatimiento
- ☐ Aburrimiento
- ☐ Aceptación
- ☐ Admiración
- ☐ Adoración
- ☐ Agonía
- ☐ Agradecimiento
- ☐ Agravio
- ☐ Alegría
- ☐ Amabilidad
- ☐ Ambición
- ☐ Amor
- ☐ Angustia
- ☐ Anhelo
- ☐ Ansiedad
- ☐ Anticipación
- ☐ Antipatía
- ☐ Apatía
- ☐ Aprecio
- ☐ Aprensión
- ☐ Arrepentimiento
- ☐ Arrogancia
- ☐ Asco
- ☐ Asombro
- ☐ Atracción
- ☐ Audacia
- ☐ Avaricia
- ☐ Aventura
- ☐ Calma
- ☐ Celos
- ☐ Certeza
- ☐ Cinismo
- ☐ Codicia
- ☐ Compasión
- ☐ Confianza
- ☐ Confusión
- ☐ Consternación
- ☐ Contento
- ☐ Cuidado
- ☐ Culpa
- ☐ Curiosidad
- ☐ Decepción
- ☐ Derecho
- ☐ Desagrado
- ☐ Desapasionamiento
- ☐ Deseo
- ☐ Desesperanza
- ☐ Desprecio
- ☐ Dignidad
- ☐ Diversión
- ☐ Duda
- ☐ Ecuanimidad
- ☐ Empatía
- ☐ Encanto
- ☐ Entusiasmo
- ☐ Envidia
- ☐ Erotismo
- ☐ Escepticismo

- ☐ Esperanza
- ☐ Estimación
- ☐ Euforia
- ☐ Exasperación
- ☐ Expectación
- ☐ Éxtasis
- ☐ Exuberancia
- ☐ Fascinación
- ☐ Fe
- ☐ Felicidad
- ☐ Frustración
- ☐ Furia
- ☐ Generosidad
- ☐ Gratitud
- ☐ Gravedad
- ☐ Gusto
- ☐ Hilaridad
- ☐ Holgazanería
- ☐ Honor
- ☐ Horror
- ☐ Humildad
- ☐ Humillación
- ☐ Impaciencia
- ☐ Incertidumbre
- ☐ Incredulidad
- ☐ Indiferencia
- ☐ Indignación
- ☐ Infatuación
- ☐ Ingenuidad

- ☐ Inocencia
- ☐ Inquietud
- ☐ Insatisfacción
- ☐ Inspiración
- ☐ Intriga
- ☐ Ira
- ☐ Irreverencia
- ☐ Lamento
- ☐ Lascivia
- ☐ Lástima
- ☐ Lealtad
- ☐ Lívido
- ☐ Lujuria
- ☐ Magnanimidad
- ☐ Maravilla
- ☐ Melancolía
- ☐ Miedo
- ☐ Miseria
- ☐ Modestia
- ☐ Molestia
- ☐ Mortificación
- ☐ Negación
- ☐ Nostalgia
- ☐ Obligación
- ☐ Obstinación
- ☐ Odio
- ☐ Optimismo
- ☐ Orgullo
- ☐ Pánico

- [ ] Paranoia
- [ ] Pasión
- [ ] Pavor
- [ ] Paz
- [ ] Pena
- [ ] Perdón
- [ ] Pereza
- [ ] Perplejidad
- [ ] Perseverancia
- [ ] Pesimismo
- [ ] Petulancia
- [ ] Precaución
- [ ] Prudencia
- [ ] Rabia
- [ ] Rebeldía
- [ ] Remordimiento
- [ ] Repugnancia
- [ ] Resentimiento
- [ ] Respeto
- [ ] Reverencia
- [ ] Satisfacción
- [ ] Sentimentalidad
- [ ] Serenidad
- [ ] Simpatía
- [ ] Sinceridad
- [ ] Soledad
- [ ] Sorpresa
- [ ] Temor
- [ ] Ternura

- [ ] Terror
- [ ] Timidez
- [ ] Tolerancia
- [ ] Tonto
- [ ] Travieso
- [ ] Tristeza
- [ ] Trivialidad
- [ ] Valentía
- [ ] Venganza
- [ ] Vergüenza

www.ingramcontent.com/pod-product-compliance
Lightning Source LLC
Chambersburg PA
CBHW080629030426
42336CB00018B/3138